AF467201

DU TAUX DE L'INTÉRÊT
DE L'ARGENT,
ET DE SA RÉDUCTION.

DE L'IMPRIMERIE DE DAVID,
RUE DU FAUBOURG POISSONNIÈRE, N° 1.

DU TAUX DE L'INTÉRÊT

DE L'ARGENT,

ET DE SA RÉDUCTION;

PAR EUSÈBE SALVERTE.

> *Est modus in rebus; sunt certi denique fines,*
> *Quos ultrà citràque nequit consistere rectum.*
>
> HORAT.

PARIS,

DELAUNAY, PONTHIEU, } Libraires, Palais-Royal, galerie de bois.

1824.

Le projet de réduire l'intérêt de la dette de l'État captive l'attention publique. Des réflexions sages ont déjà éclairé ce sujet. Mais peut-être, pour jeter plus de jour sur la question particulière, convient-il de remonter à des principes généraux. C'est ce que j'ai essayé de faire; je n'ai pas craint d'exposer d'abord des idées bien connues, mais qui semblent ne l'être pas encore assez, puisque la législation les a mises rarement en pratique. Elles m'ont conduit d'ailleurs à examiner la liaison intime du taux de l'intérêt de l'argent, avec la division des propriétés et la condition des propriétaires, et à prouver ainsi aux hommes les plus égoïstes, que la mesure projettée intéresse toute la France, et non pas seulement les créanciers de l'État.

DU TAUX DE L'INTÉRÊT

DE L'ARGENT,

ET DE SA RÉDUCTION.

---

§ Ier. *Notions générales.*

Un capitaliste employe ses fonds en acquisitions de terres ou de maisons, de créances sur l'état ou sur les particuliers : le revenu qu'il en tire représente l'intérêt de son argent. Le taux de l'intérêt varie suivant la nature des placemens. Si un placement présente quelques risques, s'il admet seulement des craintes de retard pour le remboursement du capital ou le payement des arrérages, un intérêt plus élevé compensera cette chance défavorable. Plus, au contraire, le placement est solide, plus l'intérêt sera modique. Une propriété foncière rend moins qu'une créance du capital de laquelle je ne reste point saisi comme de ma propriété ; et une terre en culture, des prés, ou des bois, rendent moins qu'une maison en location, parce que celle-ci peut perdre la presque totalité de sa valeur, par suite de dégradations ou d'incendie.

La loi fixe le taux de l'intérêt légal, c'est-à-dire de celui qui doit paraître stipulé dans les actes notariés, et au-dessous duquel un tuteur ne doit point faire de placement mobilier pour son mineur.

Il n'est personne qui ne sache combien diffère souvent de l'intérêt légal, le taux commun de l'intérêt dans les transactions financières.

Plusieurs législateurs se sont cru le pouvoir d'effacer cette différence. L'expérience de tous les siècles démontre que les lois les plus sévères n'ont, tout au plus, pour effet que de forcer à enfouir l'argent, et non de baisser le taux auquel on le prête.

Un moyen plus sûr d'influence existe pour les gouvernemens chargés d'une dette publique. Si le Gouvernement a du crédit, le taux nominal de l'intérêt de ses emprunts sera une mesure commune dont on s'écartera peu dans les stipulations analogues entre particuliers.

A l'idée de la réduction du taux commun de l'intérêt, se joint naturellement une idée de prospérité, un espoir d'amélioration.

Est-ce toujours avec raison?

Pour prononcer, il faut savoir de quelles causes dépend le taux de l'intérêt. Elles peuvent être telles, que si l'une cesse d'être en harmonie avec les autres, la prépondérance de son action particulière, eût-elle pour résultat la diminution du taux de l'intérêt, deviendrait préjudiciable à la société.

De ces causes, les plus connues tiennent à la position des hommes entr'eux ou vis-à-vis du gouvernement qui les régit ; une autre, moins aperçue, dérive de la valeur intrinsèque et de la division des propriétés ; et en contrariant son influence, c'est la constitution intime de la société que l'on expose à de graves altérations.

§ II. *De l'Emprunteur.*

Un négociant a mis sur la place des obligations à terme. On les reçoit comme du numéraire, en escomptant, sur la valeur nominale, un intérêt calculé d'après le nombre des jours qui se doivent écouler jusqu'à l'échéance. Si l'on soupçonne de l'embarras dans les affaires du négociant signataire, l'escompte devient plus fort ; les craintes s'évanouissent, l'escompte retombe au taux commun : il sera même au-dessous, si le négociant présente une telle solidité, que son papier soit recherché préférablement à tout autre.

Les variations de l'escompte, les degrés de hausse et de baisse déterminés par la condition présumée du débiteur, sont la représentation exacte de ce qui se passe, pour la fixation du taux commun de l'intérêt dans les transactions particulières. Les garanties que présente l'emprunteur sont la mesure de son crédit. On emprunte à meilleur marché sur une hypothèque solide, que sur un simple billet. Un homme très-pauvre ou très-dérangé, ne trouve à emprunter qu'à un fort intérêt. Si les lois sont difficilement assez puissantes pour contraindre le débiteur à s'acquitter ; si même, pour ne point payer du tout, il peut invoquer leur secours, soit comme mineur, soit comme victime d'un marché usuraire, les prêteurs, menacés de perdre leurs créances, élèveront le taux de l'intérêt en proportion des risques qu'ils s'exposent à courir.

Il suit de là : 1° que la faiblesse ou l'insuffisance des lois portées contre les débiteurs infidèles, tend à hausser le taux de l'intérêt entre particuliers ;

2° Que la loi, en déliant un mineur de ses engagemens,

devrait le punir correctionnellement de les avoir contractés : la distance n'est pas grande entre un vol direct et un emprunt fait avec la perspective de s'affranchir, au nom de la loi, de l'obligation de restituer.

3° Que les lois pénales dirigées contre l'usure, ont pour effet infaillible de surhausser le taux de l'intérêt usuraire.

4° Que, ce qui est vrai pour quelques uns étant vrai pour tous, le taux de l'intérêt sera en général plus ou moins déré, selon que les mœurs et les habitudes d'un peuple seront plus ou moins favorables à l'économie et à la ponctualité.

§ III. *Du Prêteur.*

La sécurité du prêteur ne dépend pas uniquement de la solidité de l'emprunteur. Les juifs, long-temps exclus de la société, rendus incapables de posséder des propriétés foncières, et abandonnés aux exactions des princes et des hommes puissans qui, en les pressurant, étaient applaudis par la haine et le fanatisme des peuples ; les juifs proportionnaient l'intérêt de leurs prêts à leurs dangers personnels, et au besoin qu'ils avaient de trésors toujours renouvelés, pour acheter la protection ou désarmer la persécution.

Dans les républiques grecques, un ambitieux, pour entraîner les pauvres dans son parti, proclamait l'abolition des dettes. La crainte de maux plus grands contraignit Solon lui-même à commencer par cette injustice l'établissement de lois justes à Athènes. Le taux de l'intérêt dut souvent être calculé d'après une possibilité si redoutable aux créanciers, si funeste à la morale, à l'état, et même aux débiteurs.

§ V. *De la puissance unie à la qualité de Prêteur.*

Un rapport, plus funeste encore, peut exister entre le prêteur et l'emprunteur, et déterminer le taux de l'intérêt. Que la puissance et les richesses soient d'un côté; de l'autre la sujettion et le besoin : le prêteur est sans crainte pour le capital de sa créance ; mais, de plus, quelque intérêt qu'il exige, il a en main les moyens coactifs pour se faire payer. Sa cupidité ne résistera point à cet attrait ; il stipulera un intérêt énorme ; et le réunissant bientôt au capital, il plongera chaque jour dans un abîme plus profond ses débiteurs sans défense. Si la loi ne lui donnait pas un droit direct sur leurs personnes (ce qu'il manquera rarement de faire décréter), il l'obtiendrait par le fait ; le pauvre, dans sa détresse progressive, finirait par lui engager, pour la subsistance du jour, le travail du lendemain. Cette position fut, pendant les premières années de la république romaine, celle des riches patriciens : non moins avides de pouvoir que d'argent, l'usure était pour eux un moyen de domination, qui aurait conduit le peuple à l'ilotisme, à l'esclavage de la glèbe, si la proximité de l'étranger en armes n'eût donné de l'importance à la résistance des plébéiens. Dans une position semblable étaient tombées, à la fin de la république, les provinces dévorées par l'usure des patriciens et des publicains. La conséquence en fut une diminution effrayante de la population, contrainte par la misère d'émigrer ou de s'éteindre.

§ V. *De la surabondance ou du défaut de Capitaux.*

Nous avons jusqu'ici raisonné dans la supposition de vices et d'abus qui malheureusement n'ont pas toujours été des chimères. Dans tous ces cas, il n'est pas douteux que la réduction du taux de l'intérêt, opérée sans violence et par la force des choses, ne fût un très-grand bien: elle prouverait plus de morale et de sécurité dans les transactions privées; plus de force, de justice et de raison dans les lois, et moins de disproportion de fortune entre les membres du corps social. Envisageons maintenant la question, abstraction faite de ces abus et de ces vices. Le cours des fonds à prêter ou à emprunter s'assimile au cours des marchandises. Y a-t-il plus de demandes de prêts que de capitaux disponibles? le taux de l'intérêt s'élève; il baisse s'il y a plus de capitaux que de demandes. Chez une nation uniquement commerçante ou manufacturière, et qui n'aurait point de dette publique, le terme moyen de ces variations fixerait le taux commun de l'intérêt.

En opposition avec ce que nous avons observé dans les cas précédens, nous voyons ici la hausse du taux de l'intérêt être un signe de prospérité; son abaissement, un symptôme de langueur et de faiblesse. Pourquoi l'agriculture, l'industrie manufacturière, le commerce sollicitent-ils plus de capitaux? Parce que leur activité augmente; parce que les moyens personnels du manufacturier, du commerçant, de l'agriculteur ne lui suffisent plus pour faire des avances qui doivent lui rentrer avec des profits considérables et bien supérieurs au taux de l'intérêt que leur emprunt aura coûté. La baisse de l'intérêt prouve, au contraire, la surabondance des capitaux sans emploi: les diverses branches de l'industrie languissent donc plus ou moins. Ici l'introduction des grains étrangers décourage l'agriculteur chassé des marchés par une concurrence trop considérable et trop soudaine, et là, c'est le défaut de débouchés, de chemins, de canaux. Il est telle prohibition qui nuit au commerce ou aux manufactures, et telle autre qu'on ne peut lever sans leur causer un notable préjudice. Nous avons vu, en Europe, l'excès général des produits manufacturés sur les demandes des consommateurs, froisser l'industrie, troubler les spéculations commerciales et laisser sans emploi les capitaux qu'auraient réclamés l'une et l'autre destination : l'abondance de ces capitaux, la baisse du taux de l'intérêt qui pouvait en devenir une conséquence, étaient-elles des preuves de prospérité? Non, assurément. Observons en passant que dans les raisonnemens captieux et les théories décevantes qui se sont étayés de ce fait, on n'a point porté en ligne de compte une cause qui en a doublé et prolongé l'influence: pour diminuer l'encombrement des produits, il faut multiplier les consommateurs, ce qui ne peut se faire qu'en favorisant la division des propriétés ; et la politique suivie en Europe depuis dix ans, tend au contraire à restreindre cette division chaque jour davantage.

Nous opposera-t-on l'exemple de la Hollande? Nous pourrions en décliner l'application si nous n'écrivions que sur ce qui se passe devant nos yeux, et demander quel parallèle on peut établir entre l'état commercial de la France et celui de la Hollande? Mais cet exemple important, loin d'ébranler nos principes, les confirme.

En Hollande, le taux peu élevé de l'intérêt de l'argent s'allie avec la grande prospérité commerciale. Oui: il en est même une conséquence; et cela, répondrons-nous, ne peut être autrement chez une nation qui, à des lois sages et bien exécutées pour maintenir la sûreté des créances, joint une extrême économie et un commerce très-étendu. Le négociant, par la législation à laquelle il est soumis, par ses qualités personnelles, par la bonté de ses spéculations, présente de telles garanties que l'argent lui est aisément offert à un intérêt modéré. Ses bénéfices se multiplient, s'accumulent; ils forment de nouveaux capitaux que l'industrie a de la peine à employer tous; et le taux de l'intérêt baisse encore, parce que, dans sa prospérité, le commerce hollandais se trouve engorgé de plus de capitaux qu'il ne saurait en utiliser. S'il recevait un échec grave, le taux de l'intérêt pourrait tomber encore plus bas. Si, au contraire, des débouchés nouveaux s'ouvraient à son activité et présentaient un emploi lucratif aux fonds immenses dont il dispose, le taux de l'intérêt s'élèverait dans la même proportion. Ceci n'est point une hypothèse; c'est déjà un fait. La prospérité du royaume naissant des Pays-Bas, a d'abord rencontré des obstacles qui se sont applanis progressivement; on a régularisé la dette nationale, assuré le crédit, soumis les possessions lointaines à un mode d'administration moins défectueux: *la banque de Hollande* a payé en 1821, un dividende de trente-cinq florins par action; elle en a donné quarante en 1822, cinquante en 1823 et soixante-huit en 1824; l'action qui se vendait en 1821, mille soixante et mille soixante-dix florins, est montée cette année à mille deux cent soixante; ainsi, sur un effet dont la hausse indique l'activité plus grande des opérations commerciales, l'intérêt s'est élevé, de trois et un cinquième, jusqu'à près de cinq et demi pour cent. (1)

---

(1) Depuis la fixation du dividende, l'action de banque

§ VI. *La Réduction de l'intérêt de la dette publique est-elle nécessairement avantageuse à l'industrie?*

En abaissant le taux commun de l'intérêt, non par une mesure législative (on l'essayerait en vain) mais par une opération bien combinée sur la dette publique, on propose de remédier à la langueur de l'industrie, attestée par la surabondance des capitaux disponibles. Alors, dit-on, les fonds que la perspective d'un bénéfice considérable faisait affluer à la bourse, reflueront vers l'agriculteur, le commerçant et le manufacturier.

Pour que cela fût exact, il faudrait que les demandes de capitaux se multipliassent en proportion de la facilité de les obtenir à un faible intérêt. Mais l'industrie n'augmente ses récoltes, ses fabrications, ses échanges, qu'autant que la consommation de ses produits augmente. Rien, dans la mesure indiquée, ne tend à cet accroissement; tout, au contraire, promet une diminution, lorsque la classe nombreuse qui subsiste de l'intérêt des placemens financiers se trouvera subitement appauvrie.

On insiste : la baisse de l'intérêt permettra de vendre les produits à meilleur marché; on en consommera davantage.

Les hommes qui, il y a neuf ans, séduits par l'abondance des produits manufacturés et la facilité de les livrer

---

s'est élevée au-dessus de 1320 florins. Dans le moment où, en France, on s'efforce de réduire l'intérêt de la dette à 4 pour cent, les spéculateurs rechercheront naturellement un effet qui, au cours de 1360 florins, ne serait encore acheté qu'à 5 pour cent.

à un prix modéré, entreprirent de vastes opérations, se trouvèrent cruellement déçus : on s'en souvient! Plus cruellement encore le seraient ceux qui aujourd'hui étendraient leurs spéculations, dans l'espoir que la diminution du taux commun de l'intérêt augmenterait les chances de réussite. Supposons la diminution d'*un pour cent;* et c'est beaucoup, quand ce taux n'a déjà rien d'exagéré. Qu'en résultera-t-il? l'industrie n'emprunte pas tous les capitaux dont elle dispose, et elle veut bénéficier sur ses emprunts : à peine donc pouvons-nous admettre que, dans la première main, le prix des produits baisse d'un *tiers* ou d'un *demi pour cent.* Cette diminution parviendra-t-elle jusqu'au consommateur, quand la marchandise, pour arriver à lui, aura passé par deux ou trois intermédiaires? Accordons, contre la vraisemblance, qu'il profite d'un *quart pour cent :* multipliera-t-il ses achats parce qu'il paiera 3 francs 99 centimes, ce qu'il payait 4 francs? Mais le rentier qui perdra un cinquième de son revenu, sera forcé de diminuer sa consommation dans la proportion de 20 francs sur 100 francs. Perte grave et sûre, gain minime et douteux, voilà ce que promet à l'industrie la réduction de l'intérêt de la dette publique.

La position commerciale de l'Angleterre peut, sous les rapports les plus essentiels, se comparer à celle de la Hollande ; les lois contre les débiteurs y sont plus sévères et même trop sévères; l'économie n'est pas la même, mais l'*afflux* continuel des trésors de l'Hindoustan supplée aux bons effets de cette qualité; et l'industrie regorge de capitaux comme de produits. Certes, aucun homme d'état ne croirait venir à son secours, en réduisant l'intérêt de la dette publique. Ce sont des consommateurs qu'elle appelle et non pas des prêteurs. Supposons que, par les conséquences d'une politique erronée, les puissances continentales de l'Europe abandonnassent au monopole britannique, l'Amérique méridionale ; qui oserait nier que cet accroissement de prospérité ne fît élever le taux de l'intérêt en Angleterre, lorsque tous les capitaux seraient demandés à la fois par tous les genres d'industrie ?

§ VII. *Prêts faits par le Gouvernement.*

Le prêteur avide et craintif ne se contente pas d'un intérêt énorme : il exige des *gages*. On sent à quels abus, à quels délits ce genre de prêts doit conduire. Pour prévenir les uns et les autres, les gouvernemens ont ouvert des *Monts-de-Piété* où l'emprunteur trouve de l'argent à un prix modéré, et avec la certitude de retirer les gages qu'il dépose, pourvu qu'il acquitte sa dette à une époque fixe. C'est le seul remède direct que l'on puisse opposer au mal, en attendant que la subdivision de la propriété, et l'instruction accordée aux classes pauvres le combattent dans son principe.

L'état de la civilisation, et les progrès de la morale publique, ne permettent pas de craindre, comme un danger possible, celui que nous avons signalé en parlant de la *qualité de prêteur unie à la puissance* (§ IV). On ne verra point un gouvernement se constituer le prêteur unique de la classe indigente ; soit pour la réduire, par la détresse, à la servitude absolue, soit pour opérer par ce moyen, ce qu'ailleurs on a fait en encourageant la mendicité, pour se créer, parmi des débiteurs insolvables, une armée de sicaires redoutables au reste de la société. On pourrait demander seulement si l'institution des *Monts-de-Piété* est tout ce qu'elle doit être pour soulager l'infortune sans favoriser le vice; s'il n'y a pas une manière plus bienfaisante de la concevoir, dût-on dorénavant ranger les établissemens de ce genre parmi les charges qu'imposent à la société, l'humanité et la morale.... Mais il n'entre dans mon sujet que d'examiner leur influence sur le taux de l'intérêt. Elle doit affaiblir l'intérêt usuraire; elle est nulle sur le taux commun de l'intérêt, car les *Monts-de-Piété* ne pourraient stipuler un intérêt plus bas, sans risquer de servir les spéculateurs au lieu de secourir les malheureux.

§ VIII. *Le Gouvernement emprunteur.*

De grandes fautes ou de grandes calamités mettent un gouvernement dans l'impossibilité de payer immédiatement ce qu'il doit aux fournisseurs et aux salariés qu'il emploie. Ceux-ci peuvent servir gratuitement quelque temps encore, dans l'espoir d'obtenir la solde de l'arriéré. Ceux-là refusent bientôt de continuer des fournitures dont ils savent qu'on ne peut se passer, si on ne les indemnise du retard de leur remboursement. L'indemnité qu'on leur accorde forme dès lors l'*intérêt de la dette publique*. Le taux, dans le principe, en est presque toujours élevé; et parce qu'il a été arraché par la nécessité, et parce que le gouvernement peut s'affranchir des intérêts et même du capital de sa dette, par un acte arbitraire que soutiendra la toute puissance.

Cela est arrivé souvent, à la honte de la morale et au détriment du crédit. C'est bien tard qu'on s'est éclairé, et qu'on a senti qu'un gouvernement loyal présente une solidité plus grande qu'aucun particulier; et qu'il peut, en conséquence, pour opérer des efforts extraordinaires que réclame son salut ou l'accroissement de sa prospérité, emprunter à un taux raisonnable, quoique modifié toujours, comme cela a lieu pour les particuliers, par l'urgence et la quotité de ses besoins.

On ne peut, toutefois, assimiler complètement le gouvernement aux particuliers. Considéré comme débiteur, il n'est jamais dans le *droit commun*, parce qu'il ne tient toujours qu'à lui d'en sortir. Il peut payer moins qu'il ne doit, soit en surhaussant la valeur des monnaies ou en baissant leur titre, soit en donnant à ses créanciers des valeurs fictives ou du papier-monnaie; il peut prononcer la réduction du capital ou des intérêts de la dette, retarder les époques de paiement, altérer les conditions des emprunts. Qu'un tel acte émane de l'édit d'un prince absolu, qu'il soit consacré par les formes législatives dans un gouvernement représentatif, ou délibéré, au sein d'une démocratie, par l'universalité des citoyens : c'est toujours l'acte d'un débiteur qui change la condition de ses créanciers sans leur participation; acte qui n'est point dans le *droit commun*. Sous un autre rapport tiré de la marche habituelle des affaires, le gouvernement se trouve encore placé hors de ce droit. Si un particulier est en retard pour le paiement des intérêts ou du capital qu'il doit, son créancier l'actionne, arrête ses revenus, saisit ses meubles, le poursuit en expropriation, et, dans certains cas, exerce la contrainte par corps : quelle action la loi pourrait-elle donner à un créancier contre le gouvernement?

Ces considérations tendront à élever le taux de l'intérêt de la dette publique; mais l'inébranlable solidité que présente un bon gouvernement, et la confiance qu'inspire une administration sage, en seront le contre-poids. La balance de ces deux motifs fixera le taux auquel le gouvernement pourra faire ses emprunts.

Si la dette publique est distribuée en effets négociables, le gouvernement se trouve dans le cas du commerçant dont le papier est estimé ou déprécié sur la place. L'effet public s'éloigne ou se rapproche du pair, suivant que la confiance diminue ou augmente. Il ne serait pas permis au négociant d'arguer, contre le détenteur de sa lettre de change, de l'escompte considérable dont celui-ci peut avoir fait le bénéfice : un gouvernement blesserait la morale et compromettrait gravement son crédit, s'il arguait du bas prix auquel ses effets ont été achetés, soit pour payer moins ou en moindres valeurs, soit pour contraindre ses créanciers à recevoir un remboursement auquel ne les soumettraient pas les stipulations originaires. Cela lui est d'autant moins permis qu'il a dû profiter de la baisse de ses propres effets, si, comme le crédit et la justice l'exigent, il tend sans cesse à sa libération par l'action d'une caisse d'amortissement qui, dans ce cas, a dû racheter, pour la même somme, une plus grande portion de la dette publique.

Le taux des effets du gouvernement influe sur le taux commun de l'intérêt, par la masse de capitaux que ce placement absorbe. Mais ce n'est qu'en approchant constamment du pair, qu'il exerce une influence forte et durable : dans les momens de baisse, l'intérêt, dans les transactions particulières, n'a pas suivi les fluctuations de la rente, parce qu'on ne la regardait plus comme le plus sûr des placemens.

La hausse des effets publics, jusqu'au pair et même au-dessus, est-elle un signe de prospérité? pas toujours.

Ouvrez de nombreux débouchés à l'industrie; pour se procurer soudain des capitaux considérables, on cherchera à vendre beaucoup d'effets publics; le nombre des acheteurs diminuera; les effets tomberont au-dessous du pair, et peut-être de beaucoup; et cette baisse sera un signe de prospérité.

§ IX. *De la Réduction de l'Intérêt de la dette publique.*

Est-il avantageux de réduire le taux de l'intérêt de la dette publique?

Oui, peut-on répondre en thèse générale, si l'option entre le remboursement et la réduction de l'intérêt a été stipulée d'avance; si la réduction tourne au profit des contribuables; si elle est déjà opérée *de fait* par l'opinion publique, et depuis un temps assez considérable pour ne pas laisser de prise aux manœuvres de l'agiotage; si, par exemple, l'effet qui, pour un capital de cent francs, a dû rendre *cinq*, et qu'on veut réduire à *quatre*, se vend constamment depuis un an, au prix de *cent vingt-cinq*.

Et dans ce cas même, l'adhésion des hommes éclairés sera suspendue par l'idée des maux que la réduction opérera, et par la question de savoir où se porteront les capitaux qu'une pareille mesure rendra disponibles.

1° Il ne faut pas voir uniquement le gain; il faut songer à ceux qui supportent la perte.

Les *rentiers*, les hommes qui vivent de l'intérêt de la dette publique, sont, aux yeux des politiques austères, une classe *improductive*, et dès-lors nuisible : il est bon de diminuer l'attrait qui porte tant de personnes à grossir le nombre des rentiers.

Il serait à désirer sans doute que la rente ne fût jamais que le fruit des épargnes des hommes laborieux, le gage du repos mérité par des travaux antérieurs. Mais ne doit-elle être considérée que sous le rapport de la *production?* et le lien qui attache le rentier à l'état est-il donc si peu fort qu'il échappe à l'œil des politiques?

L'homme énergique, qui préfère une liberté agitée à l'immobilité de la servitude, voit les rentiers comme des êtres pour qui la bonté d'un gouvernement consiste toute dans l'exactitude des paiemens, et à qui l'on persuade sans peine que le pouvoir absolu est un moyen d'assurer leurs créances. Le despote, au contraire, voudrait que tous ses sujets eussent, comme les rentiers, leur fortune entière dans sa main. Plus ami de l'existence actuelle que du perfectionnement possible, l'homme d'état apprécie une classe de citoyens dont le premier vœu est que rien ne gêne la marche quotidienne du gouvernement, rien ne compromette sa stabilité; il la regarde, dans une vaste monarchie, comme un contre-poids préparé d'avance contre l'ambition des hommes puissans ou la turbulence des prolétaires. Il voit que, pour le gouvernement, la subdivision de la dette publique a le même avantage que la subdivision des propriétés foncières, avec cette différence, au profit de l'autorité, que le sort des effets publics est lié plus ou moins au sort du pouvoir qui les soutient. Quel appui invincible le gouvernement anglais oppose-t-il au sentiment général d'abus nombreux, énormes, toujours croissans? Ce n'est pas, comme on le suppose volontiers, une majorité parlementaire qu'il compose lui-même : il ne serait ni assez riche ni assez puissant pour y parvenir, si quelque chose ne le secondait dans l'opinion publique. Mais toutes les familles ont une portion de réforme dans la dette de l'état : toutes se demandent si la dette publique serait respectée, si la banqueroute ne deviendrait pas inévitable dans le cours d'une *réforme* qui, une fois commencée, ne s'arrêterait plus, et attaquerait nécessairement toutes les parties la machine politique? Dans le doute, on consent à ajourner la *réforme*, à assurer la majorité parlementaire au gouvernement, à voter pour le candidat ministériel, pourvu que les arrérages soient payés exactement.

Frappé de ces considérations, un administrateur prudent n'empirera qu'à regret la condition des créanciers de l'état; il ne le fera que contraint par les droits sacrés des contribuables, et par la nécessité d'exécuter des stipulations précises et bien connues; et alors même, il emploiera de préférence les moyens les moins onéreux aux prêteurs; telle serait par exemple une émission d'*annuités*, comme cela s'est souvent pratiqué en Angleterre. Il la préférera à un remboursement subit, qui équivaut pour les rentiers à une réduction arbitraire de l'intérêt, parce qu'il est impossible que tant de capitaux trouvent sur-le-champ leur emploi.

Il n'attendra d'ailleurs, de son opération, d'autre avantage que le soulagement des contribuables, soulagement qui diminuera les privations plus qu'il n'ajoutera aux jouissances, qui augmentera le bien-être public et non la prospérité commerciale. Il n'est guère probable en effet, que le citoyen se livre à de plus grandes opérations industrielles ou qu'il consomme beaucoup plus, lorsqu'il paiera *trente cinq* francs d'impôts au lieu de *trente-six* (1).

(1) Si l'on ajoute au *principal* des impôts, les centimes additionnels, les octrois des villes, les sommes que les contri-

Mais si des stipulations précises et bien connues d'avance, ne confèrent point la faculté de présenter aux créanciers l'option nécessaire entre la réduction de l'intérêt et le remboursement ; si l'on s'attribue cette faculté en vertu d'une fausse application du *droit commun*, alors que le gouvernement débiteur est, par sa nature, placé hors du *droit commun*; si les argumens dont on étaie sa prétention sont tellement faibles qu'on se croie forcé de les fortifier par la considération du bas prix auquel la rente a pu être achetée par quelques-uns des possesseurs; si, pour écarter la crainte d'une nouvelle réduction, on n'ose plus invoquer la foi publique, et l'on est réduit à faire valoir une augmentation de capital que la même considération du prix originaire d'achat pourrait dispenser plus tard de faire tourner au profit des créanciers ; si la réduction de l'intérêt n'est pas même faite d'avance par l'opinion publique, et marquée par le cours constant des effets de l'état au taux qu'on se propose d'atteindre ; si enfin elle ne doit point profiter aux contribuables, mais servir à indemniser des maux d'une révolution dont toute la nation a souffert, la classe la plus riche de la nation (1) ? . . . .

---

butions indirectes rendent au-delà de leur estimation, etc. ; le soulagement que la suppression de vingt-huit millions de rentes ferait éprouver à chaque contribuable, n'excéderait pas la proportion indiquée, et resterait probablement au-dessous.

(1) Les émigrés forment la majorité dans un grand nombre de colléges électoraux de départemens. Lors de la discussion de la loi qui leur décernera une indemnité, si, dans les deux chambres, les émigrés, les fils d'émigrés, les frères, parens et alliés d'émigrés se récusent et se retirent, comme la délicatesse semble leur en faire un devoir, on peut douter qu'il reste un assez grand nombre de votans pour délibérer.

« Le peuple français doit-il une indemnité aux émigrés, se sont écriés tous les gens de bien : le peuple entier doit la payer, et non pas les seuls rentiers (1) ! »

Et les amis les plus sages du gouvernement ont ajouté : « Pour la payer, il ne faut point tenter une opération dont l'influence sur le crédit public et sur le crédit particulier, sera désastreuse en cas de non succès, quand, pour en rendre le succès douteux, il suffira que les possesseurs de la sixième partie des rentes demandent leur remboursement et gardent leurs fonds sans emploi pendant un trimestre. Où conduirait alors un jour de retard, un moment d'hésitation dans la continuation du remboursement ?

« Il ne faut pas faire une telle opération subitement, et en écrasant les rentiers et le commerce sous une masse énorme de capitaux remboursés, quand il y a déjà tant de capitaux sans emploi.

« Il ne faut pas la faire d'une manière qui rende l'amortissement plus lent et plus cher, en accroissant la dette publique d'un capital de quinze cents millions ; ou de près de neuf cent trente-quatre, si la réduction de l'intérêt de la dette tourne au profit des contribuables.

« Il ne faut pas, dans ce cas même qui est le plus favorable, adopter une combinaison aussi onéreuse que la création des 3 p. %. Que gagnerait l'état ? Une diminution de dépense équivalente à une recette annuelle de vingt-huit millions : c'est-à-dire qu'il recevrait *trois pour cent* seulement du capital des neuf cent trente-quatre millions dont il se serait constitué débiteur, tandis qu'il paierait *quatre pour cent* aux créanciers frappés de réduction, et

(1) Celui qui s'exprime ainsi déclare qu'il ne possède point de rentes sur l'Etat, et qu'il ne risque point d'être froissé par la réduction de l'intérêt ou le remboursement.

cinq pour cent aux créanciers que cette mesure n'atteindra pas; tels que les propriétaires de majorats, les établissemens publics, etc.

« Il ne faut pas enfin adopter une combinaison ruineuse pour les rentiers et onéreuse pour l'état, quand une voie plus simple peut conduire au même but, la création, à *cinq pour cent*, de la quotité de rentes dont on veut doter les émigrés, et l'annulation de la même quotité de rentes sur la totalité de celles que jusqu'ici la caisse d'amortissement a rachetées. Ainsi, on exécute la loi qui autorise l'annulation progressive des rentes rachetées; on rassure l'opinion contre la crainte de les voir, un jour de détresse, reparaître sur la place; point de surcharge pour les contribuables, point de préjudice fait aux rentiers, point d'augmentation du capital de la dette. L'état gagne d'abord le bénéfice que l'on accordera aux banquiers chargés du remboursement; ensuite la différence entre le capital des 28 millions de rentes à 3 p. °/o, et le capital des mêmes rentes à cinq, ou même à six, prix commun auquel les rentes ont été rachetées par la caisse d'amortissement; 373 millions dans le premier calcul et 449 dans l'autre. Agissant encore avec plus de 44 millions, la caisse d'amortissement pourra, dès la première année, racheter de nouveau plus de deux millions de rentes *au pair*. »

2° Par le remboursement d'une partie de la dette publique, et par la baisse que la réduction de son intérêt fera éprouver au taux commun de l'intérêt de l'argent, de grands capitaux deviendront disponibles. L'industrie, nous l'avons vu, leur offrira peu d'emploi. Où tendront-ils à se placer? En acquisitions de propriétés foncières. Pour juger des conséquences d'une pareille tendance, il convient d'examiner la nature de ce placement, celui de tous qui intéresse le plus la constitution intime du plus grand nombre des corps sociaux.

§ X. *Du Revenu des propriétés foncières comparé à leur valeur en capital. — Mesure naturelle de ce revenu.*

La solidité des emprunteurs, la sécurité des prêteurs, la balance des demandes de prêts et des capitaux disponibles, l'activité du commerce, les besoins du gouvernement et ses opérations financières, telles sont les causes que nous avons indiquées comme agissant simultanément pour fixer ou faire varier le taux commun de l'intérêt. Nous n'avons point traité encore de l'intérêt de l'argent placé en propriétés foncières, sorte de placement qui domine tous les autres chez une nation qui n'est pas uniquement commerçante ou manufacturière.

Pour simplifier, ne parlons que des propriétés rurales, les plus importantes de toutes, puisque sur leur produit se fonde l'existence de la société.

Le prix que je puis affermer ma terre est l'intérêt de la somme qu'elle m'a coûtée : ce que j'en retire au-delà, en en dirigeant la culture ou en la cultivant moi-même, est le prix de mes soins ou de mon travail.

Partout où les propriétés sont assurées, où les lois et les mœurs veillent à leur conservation, leur revenu sera au-dessous du taux commun de l'argent. Pour la même somme, on obtiendra moins de revenu en acquérant une terre, qu'en achetant des effets publics ou une créance particulière. A l'indestructibilité du fond, première cause de cette plus grande valeur, se joint une seconde cause non moins puissante. Les créances les plus solides ne représentent en capital et en arrérages, que des sommes fixes d'espèces monnoyées, tant de *gros* d'or, tant d'*onces* d'argent; et l'accumulation croissante des métaux précieux fait qu'aujourd'hui, avec trois onces d'argent, on obtient à peine ce qu'on achetait pour deux onces, il y a trente ans. Supposons qu'il n'y ait eu jamais ni surhaussement des monnaies, ni réduction de l'intérêt des rentes, ni remboursement fictif du capital; un homme qui toucherait aujourd'hui une rente constituée il y a un siècle, recevrait néanmoins en valeur réelle, les deux tiers au plus de ce qu'il aurait reçu en 1724. La progression décroissante ne paraît pas devoir s'arrêter : le même revenu *nominal* en créances, est donc devenu et deviendra toujours moindre en réalité. Il n'en est pas de même de la terre; elle produit tous les ans les mêmes récoltes ; récoltes dont la valeur vénale subit des fluctuations, mais jamais une baisse absolue, tant que des événemens difficiles à prévoir ne diminuent pas le nombre des consommateurs; récoltes qui peuvent encore être rendues plus considérables par une agriculture perfectionnée. Ainsi le revenu de la terre reste fixe ou augmente, tandis que le revenu des créances diminue de fait, sans changer nominalement. On conçoit donc que, si l'on achète, pour cent mille francs, cinq mille francs de revenu en créances, on n'ait pour la même somme que 4000 francs ou 3,500 fr. de revenu foncier.

Cette vérité, comme toutes les vérités positives, reçoit un nouveau jour des faits qui semblent l'infirmer. Dans l'Amérique septentrionale, on a pu, l'on peut encore, pour une somme si insignifiante qu'on ne songerait point à la placer dans le commerce, acquérir plusieurs arpens de terre. Mais que confère cette vente prétendue? un droit *improductif*, une simple garantie de l'avenir. C'est là hache à la main, qu'établi dans le désert, au milieu de sa propriété future, l'acquéreur l'achète en la créant; il l'achète au prix de trois cents, de six cents, de mille *journées de travail*, et d'un travail pénible, opiniâtre, principe fréquent d'une vieillesse précoce, et souvent trop peu récompensé sur un sol ingrat, ou sous un climat malfaisant. C'est à ce prix que la nature a primitivement vendu à l'homme toute la terre qu'il habite et qu'il cultive. C'est à ce prix, c'est en évaluant, comme ils doivent l'être, ces jours prolongés de solitude, de privations, de dangers sans secours et de fatigues sans relâche, qu'il faut estimer les propriétés naissantes des colons américains. Et l'on se convaincra, que la proportion du prix d'achat au revenu, c'est-à-dire à la valeur locative, est ici, comme partout ailleurs, supérieure au taux adopté pour tout autre placement.

Le colon isolé jouit seul des fruits de la terre que seul il a défrichée. Au sein d'une vaste société, le propriétaire trouve de l'avantage à se faire aider dans les travaux de la culture : il appelle des auxiliaires qu'il dédommage ensuite en leur donnant une part dans ses récoltes; cette part solde leurs *journées de travail*.

Le fermier, sous ce point de vue, peut s'assimiler à l'ouvrier; la portion de denrées qui lui reste, après qu'il a payé le propriétaire et retiré ses frais et l'intérêt de ses avances, forme le salaire de son travail.

Le revenu véritable de la terre est exprimé naturellement par le nombre des journées de travail que l'on paierait avec ses récoltes, déduction faite du prix des journées de travail (personnelles ou auxiliaires) employées à la culture.

La valeur intrinsèque du fond, et sa comparaison avec

le revenu, peuvent être évaluées de la même manière. Ainsi, deux propriétés achetées pour le même capital et affermées la même somme d'argent, peuvent différer beaucoup sous le rapport de la valeur intrinsèque et du taux du revenu, si elles sont situées dans des pays où les prix des journées de travail soient différens.

§ XI. *Liaison intime du taux du revenu des terres avec la constitution de la société.*

La valeur intrinsèque des terres, et le prix commun de la journée de travail qui lui sert de mesure, ont une connexion intime avec la constitution de la société.

La journée de travail doit non-seulement pourvoir au besoin quotidien de l'abri, du vêtement et de la nourriture; mais encore donner quelque chose à l'avenir, offrir quelque prise à l'économie, première vertu de la pauvreté.

Plus le prix de la journée de travail donne à l'avenir, plus les cultivateurs ont de part dans les fruits de la terre, et plus se rapproche d'eux la possibilité de devenir un jour propriétaires. Cet espoir s'évanouit dans le cas contraire. La haute valeur du travail tend à favoriser la subdivision des propriétés; son salaire trop faible, leur concentration.

Entre deux extrêmes, dont l'un sort à peine de l'état sauvage, et l'autre tombe bien au-dessous; du point où, avec une faible somme, avec la simple garantie de la société, l'homme, par son travail, peut conquérir, sur la nature vierge, une riche propriété; jusqu'au point où, attaché à la glèbe, chargé de fers, il ne peut, au prix des sueurs de sa vie entière, rien acquérir, pas même la propriété de sa personne; si nous parcourons les diverses modifications de l'état social, il n'en est pas une qui ne nous prouve que le prix de la journée de travail n'est point arbitraire, et qu'il ne peut varier sans augmenter ou diminuer le nombre des propriétaires. Et de deux pays, dont l'un compte quelques très-grands propriétaires et une multitude d'ouvriers serfs ou à peine salariés ; l'autre une multitude de propriétaires, de la condition desquels se rapproche graduellement l'ouvrier laborieux; de la France, par exemple, au quatorzième siècle et au dix-neuvième, l'histoire nous dira qui a possédé le plus de force publique et d'aisance particulière.

Le défaut de confiance fait baisser la valeur vénale de la terre, comme il hausse le taux des autres placemens. De 1792 à 1800, l'inquiétude que l'on concevait sur la sûreté des propriétés vendues par l'état les maintenait à un prix modique; ce prix était encore diminué, au profit des premiers acquéreurs, par la facilité de donner, en paiement, des valeurs dépréciées que l'on se procurait à la bourse au cours le plus bas. Il s'en suivit une hausse du taux commun de l'intérêt de l'argent. Souvent, dans les transactions financières les moins hasardeuses, il s'éleva au double du taux actuel. La position de la France changea le 18 brumaire an huit. Les valeurs fictives disparurent; l'ordre, sans lequel la confiance est impossible, fut rétabli dans toutes les parties du gouvernement; aux menaces que nous faisait entendre l'étranger, succédèrent des propositions de paix : les droits acquis furent consolidés; et la valeur vénale des propriétés augmenta. Bientôt le taux de l'intérêt de l'argent baissa dans une proportion analogue; et par exemple, les *reconnaissances* des receveurs-généraux, qui avaient porté un intérêt de *neuf pour cent*, furent, sans exciter aucune réclamation, fixées à *six pour cent.*

C'est ainsi que le revenu proportionnel des terres influe sur le taux commun de l'intérêt de l'argent; et réciproquement, les variations de ce taux influeront sur la valeur vénale des terres. Si la créance constituée ne rend plus que *quatre pour cent*, le capitaliste, docile aux motifs de préférence que nous avons indiqués, cherchera une propriété foncière qui lui rende *trois et demi pour cent.* Bientôt le nombre des acquéreurs élevera le prix des terres par la concurrence, et forcera de les acheter à *trois*, et même à *deux et demi pour cent.* Si, au contraire, on peut placer solidement ses capitaux à *six*, à *sept*, à *huit pour cent*, le rapport du revenu d'une terre à sa valeur vénale haussera dans la progression de *cinq*, de *six*, etc.

Dans le calcul de ces diverses proportions, le prix des fruits de la terre est censé ne point varier, parce que nous supposons constant le revenu dont ce prix est la base (1). Le prix de la journée de travail n'a pas dû varier non plus : mais bien sa proportion avec le revenu *réel* de la terre; proportion très-forte dans un cas, très-faible dans l'autre.

Trop forte, elle tendrait à rendre bientôt propriétaires un grand nombre d'ouvriers; elle conduirait donc à une subdivision croissante des propriétés. Le nombre des ouvriers diminuerait, parce que les nouveaux propriétaires travailleraient pour eux-mêmes; le prix de la journée de travail augmenterait; le premier effet s'accélérerait indéfiniment; et l'on approcherait enfin du point où cha-

---

(1) Le prix du vin ou du blé a-t-il augmenté ou diminué? La terre qui rendait 100 francs de revenu, en rend 120, ou 80; l'acheteur et le vendeur partent de ces nouvelles bases pour fixer la valeur vénale du fond.

que famille serait propriétaire d'un champ, mais réduite pour le cultiver à ses ressources personnelles. Cet état de choses, très-convenable dans une démocratie naissante, équivaudrait à un bouleversement universel pour une nation chez qui un commerce actif, une industrie brillante et variée sont les principes de l'existence et du bonheur d'une partie considérable de la population. L'excès inverse (nous le verrons bientôt), la proportion trop faible du prix du travail avec le revenu réel de la terre, n'entraînerait pas de moindres maux. Mais déjà se présente une observation importante : des choses aussi bonnes que la division des propriétés et le riche salaire du travail, si elles ne sont resserrées dans de justes bornes, produiront des effets désastreux. Il est donc certain que *les choses portent leur mesure en elles-mêmes* (1); mesure indépendante de la volonté de l'homme qui ne peut, sans péril, essayer de la changer. Les divers intérêts, dans le corps social, réagissent les uns sur les autres; ils tendent sans cesse à se mettre en équilibre ; et par cela même à imposer, à leur action respective, des *limites certaines, en deçà et au-delà desquelles le bien ne peut être* : si on tente de les déplacer, il y a lésion pour les particuliers, trouble dans l'ordre social.

Cette vérité s'applique particulièrement au taux commun de l'intérêt de l'argent ; et si l'on regardait le taux de *cinq pour cent* comme le point d'équilibre fixé par les diverses causes qui, en France, influent sur l'intérêt de l'argent, on aurait, ce semble, pour soi, l'autorité de l'expérience.

---

(1) *Est modus in rebus*... Cette interprétation, aussi philosophique qu'ingénieuse, appartient à Diderot.

Le point d'équilibre peut être dérangé naturellement par des événemens qui changent l'importance relative des divers intérêts des hommes, et qui, par exemple, transportent au commerce la prépondérance qu'aurait eue auparavant l'agriculture. Mais eux seuls ont ce privilège; et ils sont rares dans les annales des peuples.

§ XII. *Effets d'une réduction forcée du taux commun de l'intérêt.*

Les données qui précèdent, rendent facile la discussion d'une opération, par laquelle un gouvernement tendrait à faire baisser, dans son pays, le taux de l'intérêt de l'argent.

Il est naturel de prendre la France pour exemple.

La France a-t-elle éprouvé quelqu'un de ces événemens qui doublent la prospérité d'un pays? Le commerce de l'Amérique méridionale, de l'Egypte, ou de St-Domingue va-t-il transformer tous les Français en fabricans et en navigateurs; et par les immenses bénéfices qu'il procurera, réduire presque la propriété foncière à n'être qu'un objet de luxe? Ravagée par deux invasions, la France a vu ses denrées pillées, ses champs dévastés, ses manufactures brûlées; ce n'est qu'avec peine, qu'une immense rançon l'a délivrée de l'occupation ennemie;... son agriculture, toutes les branches de son industrie gémissent encore sous le poids des impôts, que tant de calamités ont rendus indispensables.

Qui donc peut faire concevoir l'idée de réduire l'intérêt de la dette publique?

Des banquiers, la plupart étrangers et déjà, à plusieurs reprises, enrichis des trésors de la France, se sont présentés. Moyennant un bénéfice dont le taux est un secret pour la législature même, mais qui doit être immense puisqu'il se proportionne à la responsabilité dont ils se chargent, ils promettent une masse de capitaux capable d'effrayer le rentier et de le contraindre à souscrire à la réduction de son revenu, plutôt que d'accepter le remboursement du capital.

De deux choses l'une : ou la réduction de l'intérêt n'atteindra que la dette publique, et disparaîtra dès-lors par le cours des effets publics, après que l'opération sera consommée et lorsque les capitalistes qui dominent la Bourse laisseront les choses reprendre leurs cours naturel, ou elle s'établira d'une manière constante, et s'étendra à tous les placemens financiers, à toutes les créances, dans toute l'étendue du Royaume.

L'opération, dans le premier cas, serait une déception coupable, une véritable banqueroute.

Dans le second cas, dérangeant de fait et sans motifs le taux fixé par l'équilibre de tous les intérêts de la société, que de conséquences funestes ne doit-elle pas faire prévoir ?

Je pourrais citer le prix du loyer des maisons qui, dans les villes, tendait à s'élever, et qui a déterminé le haut prix d'un grand nombre d'acquisitions : il ne sera plus en proportion avec le revenu diminué de la plupart des locataires ; il faudra qu'il baisse ou que les appartemens restent vides ; alternative ruineuse pour les propriétaires.

Je pourrais citer tout ce qui, dans l'industrie, élève ses produits au-dessus du strict nécessaire ; le rentier appauvri se retranchera tout ce qui est de superflu, ou même d'aisance.

Mais une considération plus grave, celle de la division des propriétés, réclame notre attention. Nous savons que la valeur vénale des terres haussera en proportion de la baisse de l'intérêt de l'argent. Pour établir nos calculs, regardons comme la base *commune* de la valeur locative des terres, l'ammodiation usitée dans plusieurs provinces où les fermes se louent à *moitié fruits*. Si une terre achetée cent mille francs donne quatre mille francs de revenu, le fermier doit donc en tirer quatre autres mille francs pour se rembourser de ses avances et se payer de ses travaux. Si, chaque année, il pouvait mettre en économies le produit de sa ferme, vingt-cinq années (sans entrer dans le calcul des intérêts), lui suffiraient pour acheter une propriété de la même valeur de cent mille francs.

Le taux de l'argent tombera, dit-on, à *trois et demi pour cent*; les terres se vendront à *deux et demi* au plus. Or, elles ne produiront pas un grain de blé ou de raisin de plus que par le passé. Le seul changement opéré dans la condition du propriétaire, c'est que la terre qui rapporte quatre mille francs, représentera un capital de cent soixante mille francs. Mais le fermier ! En travaillant de même, en économisant de même, ce ne sera qu'au bout de quarante ans qu'il pourra acquérir une propriété de pareille valeur.

Ainsi, en faisant baisser l'intérêt de l'argent d'*un et demi pour cent,* c'est dans la proportion de huit à cinq que vous diminuez la possibilité qu'avait le fermier de devenir propriétaire.

L'effet de la réduction ne restera pas purement négatif. L'attrait d'un prix élevé séduira presque tous les petits propriétaires; il leur tiendra même lieu de ce qu'ils auraient, en d'autres temps, exigé de l'acheteur, pour la *convenance;*

il se présentera surtout à eux comme offrant une merveilleuse facilité dans le partage des successions. Le riche, empressé de *s'arrondir*, fera luire l'or; ils vendront, et se croiront riches aussi, parce qu'ils tiendront des espèces monnoyées. Mais bientôt ils sentent le besoin de replacer ces capitaux, trop faciles à dissiper dans leurs mains imprévoyantes. Les placemens financiers (d'ailleurs peu connus du pauvre) donnent un trop faible revenu, ou, s'ils en promettent un considérable, ne sont que des piéges tendus à la crédulité. L'homme exproprié tourne les yeux vers le champ qui l'a nourri long-temps; il rapporte l'or à l'acquéreur dont il l'a reçu; il est repoussé; le grand propriétaire ne veut à aucun prix morceler la possession qu'il a eu tant de peine à réunir.

Ainsi disparaîtra peu à peu la petite propriété, pour accroître et concentrer la grande. La moyenne propriété ne sera pas à l'abri des mêmes attaques: les partages entre des héritiers nombreux lui seront surtout funestes; on aimera mieux vendre avec un profit apparent, que de diviser d'une manière quelquefois impraticable, quelquefois préjudiciable.

Je suppose, j'en conviens, une progression dans les moyens d'acquisition du grand propriétaire; et c'est avec raison. J'admets qu'on ne verra point se reproduire les abus, les injustices, les violences dont la formation des grandes fortunes territoriales fut plus d'une fois entachée; je laisse de côté les riches bienfaits de la cour, et les traitemens splendides, et les *indemnités* qui n'auront pas subi de réduction comme l'intérêt de la dette publique. Avec ses seules ressources, la grande propriété voit ses capitaux augmenter, quand l'extravagance ne les dissipe pas volontairement. Le luxe qui porte sur les denrées nationales, lui revient tout au plus au même prix qu'à la moyenne propriété, parce qu'elle récolte aussi ces denrées et en quantités plus considérables. Le luxe étranger et le grand luxe d'ostentation n'ont de prix d'achat que celui qu'elle y met, parce qu'elle donne le ton sur ce point, et parce qu'elle seule peut habituellement atteindre à ces brillantes inutilités. En un mot, et toute proportion gardée, le *nécessaire*, y compris ce que réclame l'habitude de l'aisance et ce que prescrit le *décorum*, ne coûte pas plus à la grande propriété qu'à la moyenne, et lui coûte de fait moins qu'à la petite propriété, et bien moins qu'à la pauvreté; et le *luxe* ne lui coûte que ce qu'elle veut. Stimulée par le double attrait de la richesse et de la puissance, elle pourra donc tendre sans cesse à s'accroître, dès qu'une réduction inconsidérée du taux commun de l'intérêt aura détruit la barrière la plus efficace qui s'oppose à sa marche d'invasion, la possibilité pour les fortunes médiocres d'atteindre à la propriété par l'économie. Alors l'État changé subira des conséquences directement opposées à celles de l'avilissement de la valeur vénale des terres; toutes les terres viendront peu à peu se concentrer dans les mains de quelques familles opulentes.

Nous avons parlé des fermiers, des petits propriétaires; voyons quel sera le sort des pauvres, de ces hommes à qui ne profite jamais la réduction du taux de l'intérêt, parce que la misère qui les force à emprunter, laissant leur prêteur sans garantie, l'autorise à une exigeance sans mesure.

Dans un pays où la journée de travail se paie communément un franc cinquante centimes, supposons qu'un arpent de douze francs de valeur locative se vende trois cents francs. Pour en acquérir un seul, il faut que l'ouvrier économise le prix de deux cents journées de travail. Le taux de l'intérêt baisse, les terres se vendent à *deux et demi* pour *cent.* Mais les grains, les denrées de première nécessité n'ont point haussé de prix; le prix de la journée de travail reste aussi le même; tandis que l'arpent monte de trois cents francs à quatre cent-quatre-vingt. Il faudra trois cent vingt journées pour en payer le prix. La première économie était difficile, la seconde est impossible. Pour que l'ouvrier acquit en terres un revenu égal à la moitié de ce que son travail annuel peut gagner, ce ne serait pas trop d'y consacrer le salaire entier de tous les jours, pendant vingt années passées sans accidens, sans maladies, sans interruptions forcées de travail, et sans une seule transgression de l'épargne la plus austère. Pour lui s'évanouit donc tout-à fait l'espoir de devenir propriétaire indépendant, c'est-à-dire le plus fort attrait de l'activité et de l'économie : il ne lui reste qu'une perspective, travailler au jour le jour, tant qu'il pourra, et mendier ou mourir de faim, quand il sera vieux ou infirme.

Il y a plus : beaucoup d'ouvriers ont encore de petites propriétés, et ne louent de leurs terres que la portion que ne réclame point leur culture. Ils se hâteront d'autant plus de vendre, qu'ils croiront faire un double gain en louant à autrui les journées de travail qu'ils employaient sur leur propre fond. Le nombre des ouvriers disponibles augmentera en proportion. Les journées de travail que le grand propriétaire *demande* aujourd'hui, lui seront *offertes.* La concurrence en fera baisser le prix relativement à celui des denrées; et l'on verra les choses arriver à ce point, que l'ouvrier le plus laborieux ne pourra faire subsister sa famille, et finira, malgré lui, par retomber à la charge de la pitié publique.

Le monopole, ou pour mieux dire l'*exploitation* de

l'Hindoustan, amène chaque année en Angleterre des trésors devant lesquels les épargnes du travail le plus assidu sont comme si elles n'étaient pas : une agriculture perfectionnée, une industrie prodigieuse n'y ont pu, dès-lors, prévenir l'accroissement excessif de la grande propriété. Sur ce pays si riche, végètent, dans un nombre effrayant, des hommes que leur travail ne peut nourrir. La *taxe des pauvres* les alimente; palliatif funeste dont l'efficacité diminue à mesure que ses inconvéniens augmentent; et qui aujourd'hui, dévore les restes de la petite propriété, et attaque déjà la propriété moyenne dans la portion *nécessaire* du revenu, tandis qu'elle ne touchera jamais qu'au *superflu* des hommes dont les terres couvrent des lieues carrées et des cantons entiers... L'horrible mendicité qui règne dans l'État romain, l'Espagne, le royaume de Naples, la Sicile, quelle première cause a-t-elle? l'accroissement démesuré de la grande propriété.

Favoriser, rendre inévitable cet accroissement, tel serait en France l'effet d'une mesure qui ferait baisser pour long-temps le taux commun de l'intérêt, de *cinq*, à *quatre* ou *trois et demi* pour *cent*.

Dans tous les états de l'Europe, une ambition aristocratique menace l'indépendance des rois et des peuples : est-ce le moment de servir ses projets, en lui donnant pour point d'appui la concentration des propriétés?

Parmi les causes qui, plus d'une fois, ont étendu, aux dépens de la civilisation, les usurpations des seigneurs féodaux, on n'a pas compté l'asservissement dans lequel tombe tôt ou tard l'homme que le grand propriétaire, par force ou par séduction, a dépouillé de sa petite propriété. Cette tendance a dû agir souvent. Son efficacité n'avait pas échappé aux patriciens de Rome, après l'expulsion des rois. Ils essayèrent même de la seconder par le surhaussement et le monopole des denrées de première nécessité, arme terrible que, dans un temps de disette, la force des choses mettra toujours dans les mains des grands propriétaires.

Ces réflexions, qu'il nous serait facile d'étendre, peuvent aider les hommes impartiaux à décider si la réduction des rentes et la baisse du taux commun de l'intérêt seront, pour la France, une source bien certaine de prospérité (1).

---

(1) La publication de cet opuscule ayant éprouvé des retards, je puis réparer une inexactitude involontaire. Il est dit, page 33, que l'on ne connaît pas le bénéfice accordé par le gouvernement, aux banquiers qui se chargeront de rembourser le capital de la rente. Il a été évalué de 28 à 35 millions, à la Chambre des Députés, le 1er mai. Les autres clauses du traité fait avec les banquiers sont restées secrètes. On annonce seulement que, d'ici au 1er octobre, ils pourront fournir 370 millions. C'est moins que le *septième* du capital nécessaire au remboursement total : en est-ce assez pour dissiper péremptoirement la crainte que j'ai exprimée page 23 ? Jusqu'ici, d'ailleurs, toute la discussion a laissé sans réplique le calcul qui prouve que, dans l'hypothèse la plus favorable, l'État, par l'opération projettée, s'endettera de 934 millions, pour dépenser moins, annuellement, ou recevoir de plus, 28 millions ; c'est-à-dire 3 p % seulement du capital ; tandis qu'il paiera 4 p. % aux sept dixièmes de ses créanciers, et 5 p. % aux autres.

Quant à la légalité de la mesure projettée, on a invoqué l'article du Code civil, qui déclare que toute rente perpétuelle est rachetable. Mais, l'article suivant porte que le débiteur peut être contraint au rachat de la rente constituée, s'il néglige, pendant deux ans, d'en acquitter les arrérages.

Il n'existe aucun moyen légal de contraindre le gouvernement à rembourser le capital de la rente, dans le cas où il manquerait, pendant deux ans, à en payer les arrérages : cet article ne lui est donc pas applicable; et dès-lors l'article précédent ne l'est pas non plus.

FIN.

www.ingramcontent.com/pod-product-compliance
Ingram Content Group UK Ltd.
Pitfield, Milton Keynes, MK11 3LW, UK
UKHW020415220726
13923UKWH00004B/1956